RÉVOLUTION MORALE

PAR

LA SUPPRESSION DU VOTE SECRET

CONSÉQUENCE DE LA RÉFORME ÉLECTORALE.

PAR VICTORIEN

Auteur de LA NOUVELLE LUMIÈRE, vol. in-8; de la Pierre philosophale; de la Clef du bonheur; du Paradis sur terre; du Triomphe de la liberté; de l'Ami du genre humain; de la Conversion de la rente; du Mouvement perpétuel; et des progrès de l'esprit.

Chaque Brochure : 50 cent.

ET EN OUTRE

LE POUVOIR EXPIRANT,

Forte brochure in-8 : 1 fr.

ENSEMBLE CONTENANT 2521 ARTICLES.

Prix total : 9 francs.

PARIS

Chez l'AUTEUR, rue Bourbon, 71.

2 MARS 1840

AVIS.

Les principes qui ont fait le sujet de tous mes ouvrages ont eu pour résultat la suppression de la loterie et des maisons de jeu. (Voyez l'art. 402 de la Pierre philosophale.)

Celle de la peine de mort pour voies de fait. (Art. 190 et 192 du Triomphe de la liberté, et 1648 du Pouvoir expirant.) Et ont donné lieu dans la chambre, de la part des députés les plus marquants, à une proposition contre le taux de l'argent, mesure à laquelle l'on doit de n'avoir pas eu de condamnation pour usure depuis 1834.

Et l'étonnante révolution morale qui vient de s'opérer en Turquie, par la volonté d'un seul, ne semble-t-elle pas elle-même être le fruit de mes principes ?

Les mots en lettres italiques renvoient au sommaire ou à la table de la Nouvelle lumière.

Nota. La publicité des écrits contre les abus du pouvoir devenant impossible par la voie des journaux, on ne peut éclairer les amis du peuple que par les distributions à domicile, pour en faire part à ses correspondants, soit en pays étranger ou dans les départements. (Voyez l'art. 383 de la Réforme électorale.)

On expédie pour tous les pays en envoyant un mandat sur la poste.

Remise du 1/4 en prenant 4 exemplaires complets, ou 24 brochures pour 9 francs.

PARIS. — IMPRIMERIE DE DUCESSOIS, 55,
Quai des Grands-Augustins, près le Pont-Neuf.

RÉVOLUTION MORALE

SOMMAIRE.

Des principes de la réforme électorale.

Voyez les art. 1, 52, 39, 313, 402, et 695 de la Nouvelle lumière ; 1619, 1648, 1650, 1677, 1694, 1696, 1697, 1709 et 1710 du Pouvoir expirant; *voyez* le Paradis sur terre comme principe.

131, 132, 141, 148, 149, 151, 153, 154, 182, 183, 190 e t 236 du Triomphe de la liberté : plus, l'art. 50 de l'Ami du genre humain.

138, 197 et 199 de la Conversion de la rente.

237, 238, 239, 240, 241, 255, 257, 268, 277, 281, 282, 285, 293, 315, 319 et 320 du Mouvement perpétuel.

Moyens de faire disparaître toutes les maladies secrètes qui existent sur toute la surface du globe en peu de temps, en détruisant un seul préjugé.

Voyez les art. 1357, 1358 et 1359 de la Pierre philosophale; 321, 322 et 323 du mouvement perpétuel ; 458 459, et 460 des Progrès de l'esprit.

La cause du mal et son remède.

Voyez les art. 96, 312, 743, 1031 et 1141 de la Nouvelle lumière ; 1340 de la Pierre philosophale ; plus les art. 1142 et 1464 de la Clef du bonheur, et l'art. 18 du Paradis sur terre ; les art. 190 et 192 du Triomphe de la liberté.

Moyens de faire plus avec 3 fr. que l'on ne fait ordinairement avec 6 fr.

Voyez les art. 483, 484, et 485 des Progrès de l'esprit.

Dieu n'est plus un mystère.

Voyez les art. 919 et 1026 de la Nouvelle lumière; 1436, 1497 de la Clef du bonheur; 1510, 1511, 1548, 1618, 1622, 1678 et 1681 du Pouvoir expirant; l'art. 100 du Paradis sur terre, et l'art. 416 de l'Ami du genre humain.

Nous vivons dans l'erreur.

Voyez les art. 235, 238, 256, 281, 406, 558, 571, 903 de la Nouvelle lumière; 1649 du Pouvoir expirant, et l'art. 29 de l'Ami du genre humain.

Il n'y a pas d'usuriers dans Paris.

Voyez les art. 85, 88, 90, 91, 366, 368, 460, 479, 480, 569, 691, 695, 892, et 999 de la Nouvelle lumière; 1291 de la Pierre philosophale; 1541 du Pouvoir expirant; 200 du Triomphe de la liberté; 128 de l'Ami du genre humain; 138 de la Conversion de la rente.

L'amour, la jalousie et la folie, guéris à l'instant.

1° *Voyez* l'art. 64 du Paradis sur terre; 2° l'art. 5 de la Nouvelle lumière, et l'art. 227 de la Conversion de la rente; 3° l'art. 411 des Progrès de l'esprit.

Le duel défini.

Voyez les art. 503, 790 de la Nouvelle lumière; 46, 60 de l'Ami du genre humain; 178, 193, 208 de la Conversion de la rente, 428, 429, 430, 431, 432, 433, 434, 435, et 436 des Progrès de l'esprit.

Les moyens de tripler et quadrupler sa clientelle pour toujours et en peu de temps.

Voyez les art. 39, 778, 989, 999 de la Nouvelle lumière,

312 de la Pierre philosophale; 191 du Triomphe de la liberté; 125, 128 de l'Ami du genre humain; 209 de la Conversion de la rente; 313 du Mouvement perpétuel; *voyez* Usuriers.

Liberté dont ne s'épouvantent que les mauvais républicains.

Voyez les art. 47, 52, 313, 511 de la Nouvelle lumière; 1352 de la Pierre philosophale; 126 du Triomphe de la liberté; 125 de l'Ami du genre humain; 203, 229 de la Conversion de la rente, et 348, 349 de la Réforme électorale.

Moyens de convertir le plus mauvais sujet.

Voyez les art. 401, 1144, 1211 de la Nouvelle lumière; 1518 de la Pierre philosophale; 1385 de la Clef du bonheur; 1598, 1709 du Pouvoir expirant; 141, 167, 211, 251 du Triomphe de la liberté; 12, 79, 130 et 136 de l'Ami du genre humain.

Moyens de trouver une dot et un mari fidèle.

Voyez les art. 732, 891 de la Nouvelle lumière; 1458 de la Clef du bonheur; 19, 41, 116 du Paradis sur terre; 157, 209, 215, 223, 224 du Triomphe de la liberté; 61, 81 de l'Ami du genre humain; 161 de la Conversion de la rente; 249 et 300 du Mouvement perpétuel.

Bonheur sans argent.

Voyez les art. 42, 273, 487, 1056, 1065, 1104 de la Nouvelle lumière; 1293 de la Pierre philosophale; 1502 du Pouvoir expirant; 102 de l'Ami du genre humain; 187 de la Conversion de la rente.

486

Le fils d'un roi n'étant pas plus favorisé par la nature que le fils du dernier des sujets, l'hérédité pour gouverner trente trois millions d'âmes est une aussi grande folie que de tirer au sort à qui serait *pilote* au moment du danger; excepté que le pilote se sacrifierait pour sauver tout le monde, tandis que l'hérédité sacrifierait tout le monde pour se sauver.

487

Ne pouvant obéir aux richesses et grandeurs non méritées, et ne pouvant se faire obéir qu'en corrompant les peuples pour avoir le droit de les rendre esclaves avec la force brutale, on ne peut recouvrer la liberté que par une *révolution morale*, en se rendant aux élections pour faire supprimer le vote secret, qui permet de trahir la cause du peuple sans se compromettre. Autrement, autant de victoires que l'on remporte sur les rois avec la force brutale, sont autant de coups de massue que l'on reçoit.

488

Le juste qui tient lieu de tout, la vérité qui nous éclaire et la raison qui nous sépare des bêtes, sont plus forts que tous les rois réunis avec leur épouvantable artillerie; mais comme ces trois principes de la société rétrogradent avec l'exemple contraire, il faut une *révolution morale* pour anéantir l'hérédité, la force brutale et et le vote secret.

489

Les rois et les peuples ont deux moyens pour opérer une *révolution morale* : en abdiquant en faveur des plus justes et des plus capables, ou en agissant comme vient de faire le *grand Turc ;* autrement il faut se rendre aux élections pour faire supprimer le vote secret.

490

Les plus rusés prétendent que la bonne foi est impossible, parce qu'on ne peut rien changer avec l'exemple du mal, et qu'on est bientôt ruiné lorsqu'on nous trompe toujours, et qu'on ne trompe jamais ; mais comme le bon exemple tient lieu de bon sens, et qu'il suffit de se rendre aux élections pour faire supprimer le vote secret, on peut faire cesser le mal par une *révolution morale*.

491

Une révolution par la force brutale a toujours pour résultat, l'injustice, la ruse, l'imposture et la tyrannie des rois ; tandis qu'une *révolution morale* ne peut s'appuyer que sur le juste, la vérité et la raison, en accordant tout au mérite.

492

Les progrès de l'esprit ayant pour but de préparer une *révolution morale* sur toute la surface du globe, afin de rendre les hommes plus heureux et meilleurs, ainsi qu'elle vient de s'oppérer en Turquie par la volonté d'un seul; en France, elle se prépare par la volonté de tout le monde, excepté celui qui répond famille quand on lui parle de l'Etat.

493

La *révolution morale* qui vient de s'opérer en Turquie déplaît beaucoup à Nicolas, aux faiseurs de dupes et à l'aristocratie française ; car, excepté le bon sens, et la classe ouvrière, qui n'a pas la prétention d'arriver à la direction de l'Etat, les autres se croiraient perdus s'ils étaient obligés de rendre justice au mérite; bien qu'il faut être juste envers les autres, pour qu'on le soit envers nous, puisque la plus petite injustice ou affaire d'intérêt nous rend furieux.

494

Une *révolution morale* se prépare sur toute la surface du globe; gare à Nicolas qui déteste les idées françaises, car les hommes qui passaient pour les plus ignorants et les plus barbares, le sont moins que nous, par la seule raison qu'il y a plus de bon sens dans la simplicité que partout ailleurs.

495

Pendant la *révolution* de 1830, le premier bourgeois qui fit feu sur la troupe, le premier qui fusilla son camarade pour avoir pillé, celui qui sauva le château de Saint-Cloud du pillage et le premier qui mit son épée dans le fourreau pour épargner le sang; sont sans contredit les auteurs de l'élévation de P... premier, au trône de France; or, a-t-on jamais entendu dire que ces défenseurs de la cause publique aient été récompensés?

496

Si nos cent quatre-vingt mille électeurs ont obtenu une majorité de cinquante voix contre l'abus du pouvoir en 1839, bien que la moitié des électeurs n'aillent pas aux élections faute de connaître leurs intérêts; cette majorité ayant trahi la cause du peuple pour des places ou pour de l'argent, la réforme électorale se réduirait à zéro sans la suppression du *vote secret*, qui permet de manger à deux râteliers sans se compromettre.

497

Pouvant être autant et plus qu'un roi qui ne pense que pour lui, et ne pensant pour nous que par l'exemple, il est facile de corrompre les peuples pour avoir le droit de les rendre esclaves avec leur argent, les places, la force brutale et le *vote secret.*

498

On doit nécessairement être gouverné par des lois, mais comme nos députés les font moins pour nous que pour eux, et que l'abus du pouvoir fait des ordonnances qui tiennent lieu de lois; le juste étant contraire à l'hérédité qui fait naître tous les vices possibles, on ne peut remédier au mal qui afflige l'humanité que par la réforme électorale et la suppression du *vote secret.*

499

En fait de réforme électorale, supposons que les plus justes et les plus capables ne soient pas appelés à la direction de l'Etat; ne pouvant trahir la cause du peuple sans qu'on le sache avec la suppression du *vote secret*, quel est celui qui oserait trahir son mandat pour se faire mettre à la lanterne en rentrant dans son département?

500

Une fois ce principe établi par la volonté de tous, que chacun a le droit d'être électeur à condition de ne rien accorder qu'au mérite; les députés nommant leur président et les ministres responsables sous peine d'abandonner le principe, tout serait dans l'ordre en supprimant le *vote secret;* autrement, on ne peut remédier au mal que par le refus de l'impôt, sauf à payer dans chaque département les services rendus à l'État, excepté les souteneurs de mauvais principes qui travaillent à sa ruine.

501

C'est une belle chose que la *clémence*, car la cause du bien étant contraire à l'hérédité qui fait naître tous les vices possibles, la cause du mal ne peut faire périr la cause du bien qui fait naître toutes nos qualités, à moins que de commettre le plus grand des crimes, par le seul motif que les peuples sont les plus forts et les plus cléments envers les plus coupables.

502

Pourquoi les journalistes les plus dévoués à la cause du peuple n'ont-ils jamais parlé du *vote secret* bien entendu [1] ? De deux choses l'une : ou ils n'entendent rien à l'économie politique, ou ils sont payés pour garder le silence; car quel est celui qui a parlé sans détour de cette belle révolution morale qui vient de s'opérer en Turquie, et par laquelle le grand sultan se trouve placé au-dessus de tous les rois de la terre en

[1] Excepté *la Gazette de France* du 15 février 1840, qui vient de nous donner un extrait des art. 439, 442, 453 et 470 des *Progrès de l'Esprit*, publié le 10 juin 1839.

accordant à ses sujets cette justice divine et humaine?

503

Supposons qu'avec le vote secret chaque citoyen devienne électeur, et qu'on parvienne à nommer les plus justes et les plus capables pour nous représenter; les rois pouvant leur faire tout le bien ou tout le mal possible, soit publiquement ou en cachette avec la moitié de notre travail ou de notre revenu, les places et la mitraille : quel est le député qui aura assez de courage pour résister quand le pouvoir lui dira : Veux-tu que je te fasse du mal ou du bien, puisque tu peux trahir ton mandat sans te compromettre avec le *vote secret?*

504

Si plus on fait du bien au pouvoir, plus il est exigent pour en avoir; rendant le mal pour le bien et agissant de même par l'exemple, la réforme électorale peut rétablir l'ordre en supprimant le *vote secret;* sans cela on ne peut faire des échanges de bien avec les richesses et grandeurs non méritées, qui font naître l'orgueil, l'intérêt personnel, la fureur de la jalousie et par conséquent tous les vices possibles.

505

Sans une réforme complète et principalement la suppression du *vote secret* [1], il est inutile de nommer des gens de bien en leur faisant faire leur profession de foi, puisque la bonne foi est tournée en ridicule quand elle veut se faire entendre à la tribune.

506

Le grand *turc* est moins ignorant et moins barbare que ceux qui gouvernent les peuples qui passent pour les plus éclairés, puisqu'il vient de s'élever au-dessus de tous les rois de la terre, en accordant à ses sujets cette auguste liberté depuis si longtemps réclamée par les Français, qui préfèrent donner la moitié de leur travail ou de leur revenu, que de mettre en pratique les progrès de l'esprit.

507

L'hérédité, la police tracassière, les souteneurs de mauvais principes, la mauvaise foi, ceux qui se vendent pour des places ou pour de l'argent, les faiseurs de dupes, les banqueroutiers et ceux qui vendent à fausse mesure ou à faux poids, n'aiment pas les progrès de l'es-

[1] *Voyez* les art. 439, 442, 453 et 470 des *Progrès de l'Esprit*,

prit ni le grand *turc* qui, pour épargner le sang, fait pendre celui qui commet la plus petite des injustices ou la plus petite des escroqueries, tout en repoussant de tout son pouvoir le droit de succession aux richesses et grandeurs non méritées qui fait naître tous les vices possibles.

508

Ne pouvant vivre en société que par des échanges continuels du bien, et préférant un étranger qui nous fait du bien à un parent qui nous fait du mal, le droit de succession aux richesses et grandeurs non méritées faisant naître tous les vices possibles, les *Turcs* sont moins ignorants et plus humains qu'on ne pense, puisque les sujets par la crainte d'être puni et les enfants par la crainte d'être déshérités, font tout ce qu'ils peuvent pour être récompensés.

509

Consultez le plus mauvais des rois, il vous répondra, comme Louis XII, le bon Henri et le Grand-*Turc*, qu'il serait bien fâché de faire du mal à quelqu'un pour avoir dit vrai, mais il n'oserait vous dire, comme le grand sultan, qu'en fait d'abus du pouvoir ou détournement des deniers publics, il n'aura pas plus d'égards pour le premier des ministre que pour le dernier de ses sujets.

510

Pourquoi préfère-t-on un petit bonheur présent qu'un grand dans un autre temps, puisqu'on se donne du mal pour avoir du bien? C'est que, dès l'instant que les richesses et grandeurs non méritées peuvent nous échapper, un roi préfère porter la couronne un seul jour que d'abdiquer en faveur du plus juste et du plus capable, pour être au-dessus du grand *Turc*; car en donnant l'exemple de tout accorder au mérite, comme pourraient faire des électeurs en nommant les plus justes et les plus capables à la direction de l'Etat, il mériterait une colonne une fois plus haute que celle de la place Vendôme.

511

Les plus justes et les plus capables à la direction de l'Etat, ne pouvant obéir à celui qui dit et fait plus mal qu'eux, et pouvant dire à l'hérédité : « Retire-toi de là que je m'y place, » les rois inviolables ne peuvent avoir que des intrigants, des gens de mauvaise foi ou des ignorants pour *ministres*. Comme les grands Cousins, qui enseignent l'erreur pour la vérité, et les Molé qui ne trouvent pas d'autres moyens que de corrompre les peuples pour les gouverner. *Voyez l'art.* 468 *des Progrès de l'esprit.*

512

La réforme qui vient de s'opérer en Turquie, par la volonté d'un seul, n'ayant ni hérédité, ni privilége, ni aristocratie à combattre pour arriver à une véritable régénération politique et sociale, un roi qui donnerait l'exemple de tout accorder au mérite, ferait une plus belle action que le grand *Turc*, puisque le droit de succession aux richesses et aux grandeurs non méritées fait naître l'orgueil, l'intérêt personnel, la jalousie, et, par conséquent, tous les vices possibles, par la raison que ces trois mobiles de toutes nos actions en mal sont contraires à tout le monde.

513

La meilleure chose pour les peuples et la plus mauvaise en apparence pour les rois, ce sont ces principes qui viennent d'opérer une révolution morale en *Turquie*, dont les conséquences vont avoir pour résultat la reforme électorale et la suppression du vote secret; car, s'il en était autrement, que servirait d'éclairer son pays, si on détestait la lumière comme les chauve-souris?

514

En fait de condamnations contre les gardes nationaux de Paris qui sont allés rendre hommage aux membres du comité qui s'occupe de la *Réforme électorale*; les gardes nationaux nommant leurs chefs, destituer un officier ou un caporal, c'est le nommer capitaine, colonel ou général; non compris qu'il serait difficile de faire exécuter les ordres du jour, quand l'état-major veut détruire et que la garde nationale veut rétablir.

515

S'il faut une grande vertu pour *abdiquer* en faveur de celui qui mérite le mieux, un roi qui donnerait l'exemple de tout accorder au mérite, prouvant par cette action qu'il est le plus juste et le plus capable de son royaume, on ne pourrait lui donner un successeur sans commettre une injustice; mais comme la nation se trouverait déliée de ses engagements s'il manquait à sa parole sacrée, ce serait un crime de ne pas le remplacer s'il y manquait.

516

Que font les électeurs, lorsqu'ils nomment les plus justes et les plus capables pour les représenter? Non-seulement ils *abdiquent* en faveur de ceux qui méritent le mieux, mais ils donnent des leçons d'équité aux rois en donnant l'exemple de tout accorder au mérite. Or, que l'hérédité abdique ou qu'elle n'abdique pas la réforme électorale bien entendue peut nous sauver en supprimant le vote secret.

517

S'il est plus utile et plus agréable d'obéir aux plus justes et aux plus capables, que de se faire obéir par eux, parce qu'on ne peut obéir à celui qui dit et fait plus mal que nous, sous peine d'être esclave ou d'être en tutelle comme des enfants ou des imbéciles; le mérite pensant moins pour lui que pour nous par reconnaissance, quand on lui rend justice, et chacun suivant l'exemple du bien. En bien pouvant tout dire et tout faire, et même faire ce que l'on veut quand cela ne nuit à personne pour détruire les préjugés. La soumission au mérite est au bonheur et à la liberté ce que la soumission aux richesses et grandeurs non méritées est au malheur et à l'esclavage. Or, comment se fait-il qu'on n'a jamais vu un roi inviolable *abdiquer* en faveur du plus juste et du plus capable, tandis que partout ailleurs, on cherche toujours à confier ses affaires d'intérêt à celui qui mérite le mieux? C'est qu'il est difficile de donner de bons conseils aux rois, quand ils ne peuvent avoir que des gens de mauvaise foi ou des ignorants pour ministres.

518

Pouvant parer à toutes les dépenses de l'Etat avec les *contributions*, les patentes, les brevets d'invention, le monopole, le dixième sur les expropriations des terres et des maisons, les successions sans héritage, les donations, le trimbre et toutes les industries qui sont frappées d'impôts, etc. Le pouvoir ayant en plus la moitié de toutes nos dépenses, en prélevant un sixième sur les revenus des terres, un sixième sur les maisons et plus d'un sixième sur tous les produits de la terre qui sont frappés d'impôts. La dette publique pouvant être acquittée en moins de quatre ans avec un tel revenu, non-seulement on ne donnerait plus la moitié de son argent au pouvoir, mais tous les produits de la terre diminueraient de moitié si on pouvait placer sur l'Etat et dans le commerce avec sécurité; non compris que l'on peut vendre 20 pour cent au-dessous du cours et gagner le double. Voyez le sommaire, *Moyens de quadrupler sa clientelle.*

519

Il y a des gens qui se croient bons citoyens en desirant la république, et moi aussi je suis *républicain*, mais de ceux qui donneraient leur démission en faveur de ceux qui méritent le mieux, tandis que les quatre-vingt dix-neuf sur cent, se borneraient à dire à l'homme en place : « Retire-toi de là que je m'y place » mérité ou non mérité.

520

On veut de l'*Afrique* ou on n'en veut pas. Si on en veut, pourquoi n'a-t-on pas envoyé dans le principe des forces suffisantes pour s'en emparer sans répandre du sang? Dans le cas contraire, à quoi bon de s'entre-égorger, si on pouvait répondre au coup d'éventail en donnant à l'ambassadeur d'Afrique une chiquenaude sur le bout du nez, quitte à terminer cette discussion soit par un duel ou par la force de la raison; autrement il suffirait à un roi ou à un ambassadeur d'être impertinent, pour avoir le droit de nous faire entre-égorger avec notre argent.

521

Le pouvoir veut aussi de la conversion de la *rente* ou il n'en veut pas, mais comme c'est lui qui propose la loi, et que les pairs l'ont repoussée après avoir été adoptée par des représentants qui n'en connaissent pas les conséquences; la demande des 25 millions, la conversion de la rente et les apanagistes sont des joujoux pour amuser les représentants qui s'occupent de la réforme électorale et de la suppression du vote secret.

522

Demandez à l'abus du pouvoir comment il faut s'y prendre pour faire hausser la *rente* à 120, ce qui réduirait naturellement l'intérêt à 4 pour cent, ou la faire tomber à 50, ce qui rapporterait 10 du cent au rentier? Il suffit de continuer de tolérer les faiseurs de dupes pour la faire monter, et de rétablir la confiance pour la faire tomber; puisque dès l'instant que la confiance est rétablie, on ne place pas sur l'Etat quand il doit plus qu'il n'y a d'argent monnayé sur toute la surface du globe, ni sur les terres qui ne rapportent que 2 et demi, quand l'argent rapporte avec sécurité 12 du cent dans le commerce.

523

Le prix élevé des maisons, des terres et de tous les produits en général sans en oublier la *rente* sont des valeurs idéales, vu qu'il n'y a pas d'effet sans cause et que sans cause il n'y aurait pas d'effet. C'est-à-dire que tout augmente avec la défiance, aux dépens des consommateurs, et que les choses reviendraient comme autrefois si la confiance était rétablie. Voyez *la Conversion de la renteet les trois derniers articles des Progrès de l'Esprit...*

524

En fait de *journalistes*, ceux qui se disent l'écho des autres journaux sont les plus sincères, puisqu'en fait d'esprit ils n'en dépensent guère; mais comme ce n'est qu'une copie des autres gazettes, et que ces gazettes ne sont qu'une copie du *Moniteur*, le *Moniteur* étant le nec plus ultrà de la politique, et la politique étant comme l'escrime qui vous montre une feinte pour mieux frapper d'un autre côté; ajoutez les contes faits à plaisir pour remplir les colonnes, les panégyriques en payant, et les subventions pour penser d'une manière et dire de l'autre, vous ne serez pas surpris s'il ne vous reste rien dans la mémoire après la lecture de tous les journaux.

525

Quand on dit que les *passions* ne raisonnent pas, on oublie le juste qui tient lieu de tout, la vérité qui nous éclaire et la raison qui nous sépare des animaux; car dès l'instant que l'on se passionne pour ces trois choses, qui font la base de la société, on raisonne toujours.

526

Qu'entend-on par *édifice* public? Propriété qui appartient à tous les sujets, puisque le pauvre comme le riche donne la moitié de son travail ou de son revenu et que le pouvoir ne débourse jamais du sien. Or, comment se fait-il que la police tracassière prenne pour contravention une inscription placée sur un parapet, ayant pour titre les Progrès de l'esprit, conséquences de la réforme électorale; surtout si le peuple ne peut être mécontent de voir les noms de ses défenseurs sur ses monuments? C'est qu'on voit une infinité d'affiches sur les murs de la bibliothèque royale, dont on ne dit rien parce qu'elles ne disent pas grand'chose, tandis que la réforme électorale, la suppression de l'hérédité et du vote secret disent beaucoup.

527

En fait de *jardins* ou d'*édifices publics*, un roi même devrait toujours dire: « Je suis chez mes sujets, et jamais chez moi. »

528

S'il ne faut pas de permission pour faire le bien, il en faut une pour faire le mal, sous peine de n'en accorder aucune; mais comme on ne peut rien faire sans une permission de la *police* qui s'oppose aux plus belles actions, le préfet devrait bien nous dire à quoi servent les permissions.

529

Quand la *police* accorde une permission, elle s'occupe moins de savoir si elle est utile ou nuisible à l'intérêt général, qu'à l'intérêt de celui qui l'accorde et de celui qui la reçoit.

530

Pour savoir comment on emploie les fonds secrets, essayez de vendre des livres sur la voie publique, qui aient pour but d'éclairer les hommes pour les rendre plus heureux et meilleurs ; les distribuerait-on pour rien, on ne pourrait continuer pendant une heure sans être arrêté par la police ; tandis que la *police* connait des ventes à l'encan organisées par des voleurs, donc, M. le préfet s'occupe fort peu si on nous vole la montre de notre gousset.

531

S'il faut une grande force de courage et d'esprit, pour démasquer les vices des rois qui ont pour eux l'argent , les places, la force brutale et le vote secret ; comment la *police* tracassière peut-elle s'y opposer, si les amis sont rares, et que les véritables sur nos fautes ne nous laissent jamais tranquilles, surtout aux rois qui ne peuvent suivre l'exemple au-dessus d'eux, à moins que de copier le bon Dieu.

532

La jalousie et l'opposition sont si fortes contre les fortunes mal acquises et grandeurs non méritées, que les rois ne peuvent conserver leur couronne, qu'en corrompant les peuples pour avoir le droit de rétablir l'ordre avec la force brutale, qui nous oblige à reprendre nos chaînes de force ou de bon gré, par un coup d'état. Quoi qu'il en soit, on reconnaît les rassemblements excités par la *police*, lorsque les coupables arrêtés sont traités comme des princes ; quand on ne rend pas de jugement contre eux, ou quand on ne peut les approcher soit dans le lieu de leur détention ou sur l'échafaud.

533

D'où vient cette antipathie contre la police, puisqu'elle est utile pour s'opposer aux malfaiteurs? C'est qu'elle s'oppose aux plus belles actions, et que l'on ne peut suivre ni s'opposer aux mauvais principes des rois ni de la *police*, sans passer par la main du geôlier ou du bourreau, bien que la police croie jouir de l'estime publique, en prenant le titre d'administration municipale.

534

Quand un vrai défenseur de la cause du peuple plaide contre la police tracassière qui s'oppose à la publicité de ses œuvres dont le but est de rétablir l'ordre; l'ordre qui fait l'union étant contraire à l'hérédité et par conséquent à la *police*, que faire contre des juges et partie qui vous disent que la question n'est pas de savoir si l'action est bien ou mal, mais bien si elle est défendue? (V. la *Gazette des Tribunaux* du 13, l'*Audience* du 17 et le *Moniteur parisien* du 11 octobre 1839, journal de la police.)

535

Malgré qu'il y ait moins de sots métiers que de sottes gens, le juste, la vérité et la raison étant contraires à l'hérédité et à la *police*, condamner ces bonnes actions c'est faire un sot métier.

536

Pour savoir si une chose est bien ou mal, il faut s'assurer si elle est utile ou nuisible à l'intérêt général, mais comme on est libre de faire le bien et de faire ce que l'on veut quand cela ne nuit à personne; ne pouvant rien faire sans une permission de la *police* qui condamne les plus belles actions, celui qui condamne un innocent devrait être attaché au même gibet, comme Caparel, prévôt de Paris.

537

Si la force brutale qui est vertu le matin, est

souvent faible et criminelle le soir, il n'en est pas de même de la force de la *raison* qui est plus forte que tous les souverains réunis avec leur épouvantable artillerie.

538

Si on ne peut suivre, ni s'opposer aux mauvaises actions du pouvoir, ni par conséquent des richesses et grandeurs non méritées, ni de ses maîtres, ni de ses parents sans passer par la main du geôlier ou du bourreau, ou sans être tracassé ou puni; obligé de respecter les mauvaises actions des autres pour qu'ils respectent les nôtres, et la vengeance bien ou mal fondée devenant le plaisir des dieux, que doit faire celui qui a raison? Or, ne trouvant pas deux hommes qui s'entendent parfaitement entre eux quand les deux premiers mobiles de toutes nos actions sont contraires à tous : comment éviter les discordes, les chicanes, les procès, les duels, la guerre civile, le poignard, le poison et les grandes boucheries où les rois font la même action qu'un brigand qui tue et vole par exemple un passant, avec cette différence que les grands coupables reviennent couverts de lauriers et que les petits montent sur l'échafaud ou vont aux galères avec la chaîne aux pieds. (Tel est le *désordre* physique et moral de la société). Cependant s'il suffit de courir aux élections pour tout accorder au mérite, le bon exemple tenant lieu de bon sens; quel est l'homme qui fera du mal pour en recevoir lorsqu'il suffira de faire le bien pour en avoir, surtout s'il n'y a pas un être sur la terre qui restera dans l'endroit où on lui fera du mal quand il pourra aller dans celui où on lui fera du bien?

539

Ne pouvant obéir à celui qui dit et fait plus mal que nous, sous peine d'être esclave, le pouvoir prenant cette *insubordination* pour un mal quand c'est un bien; les rois ne peuvent se faire obéir qu'en accordant la licence pour la liberté, de manière à nous faire reprendre nos chaînes de force ou de bon gré.

540

Tout homme sent bien qu'il lui est impossible d'obéir sincèrement à celui qui dit et fait plus mal que lui, mais tout homme qui commande ne sent pas que ses subordonnés ne peuvent lui obéir quand il dit et fait plus mal qu'eux, de sorte que la raison se trouve presque toujours du côté de l'*insubordination*.

541

Les choses bonnes se propagent bien vite, mais comme les choses qui ne se voient pas ne se comprennent pas si bien que les choses qui se voient, les choses physiques se *propagent* plus vite que les choses morales.

542

Quand on peint sur nos *théâtres* le désordre physique et moral de la société, le dénouement consistant à punir le crime et récompenser la vertu, pourquoi les rois font-ils le contraire? Ils vous diront que ce n'est pas de leur faute, car dès l'instant que la cause du bien est contraire à celle du mal, la vertu étant un crime, le crime est une vertu.

543

S'il est inutile de s'occuper du passé qui ne revient plus, ni des effets du mal présent, parce qu'il n'y a pas d'effet sans cause : d'où vient qu'on représente toujours sur nos *théâtres* les vices des grands d'autrefois et les ridicules des petits du jour? Si les auteurs étaient éclairés et sincères, ils vous diraient : Nous craignons moins le peuple qui rit d'une bêtise dont il se croit exempt, que de l'abus du pouvoir qui est la cause du mal, et que c'est pour cette raison que nous sommes comme les avocats qui en droit ne connaissent que le fait.

544

Que recherche-t-on depuis que le monde est monde? La véritable cause du mal et son remède; donc le véritable remède consi te à rechercher la cause et la retirer, puisque sans cause il n'y a pas d'effet. Voyez le moyen de *guérir la folie* ou le *Soldat de la Loire* comme reproduction de l'article 411 des progrès de l'esprit, dont la première représentation a eu lieu en janvier 1840 sur le *théâtre* de la Porte Saint-Martin.

545

La reproduction des bonnes choses n'est pas un mal quand le copiste et le pouvoir ont des égards pour l'original. Sans cela, l'original étant au-dessus d'une copie ; une phrase retournée ou une contrefaçon sont des vols faits à l'auteur, tandis qu'une reproduction exacte serait utile et agréable à tout le monde. (Voyez *Théâtre*).

546

Comment se fait-il qu'on aime à voir un spectacle d'horreurs, si tous les cœurs sont attendris quand on peint quelques traits de candeur ou de bonté? Parce qu'on souffre quand on ne voit que richesses et grandeurs non méritées et qu'on se trouve soulagé quand elles éprouvent des revers, et que c'est pour cette raison que l'on se trouve riche et heureux par comparaison au crime et à la misère qu'on a sous les yeux. (Voyez *Théâtre*).

547

L'hérédité qui fait naître l'orgueil, l'intérêt

personnel, la jalousie et par conséquent tous les vices possibles, nous met tellement au-dessous des animaux, que l'*auteur* de la Phalange n'a pas trouvé une heure avant sa mort un seul ami pour lui apporter un bouillon quand il expirait dans un grenier, tandis que trépassé chacun prétend avoir été le collaborateur de ses pensées. Donc, c'est le cas de dire qu'on aime les morts qu'on ne craint plus et qu'on déteste les vivants parce qu'on les craint beaucoup.

548

Quand on ne peut se faire *aimer* on se fait craindre, mais comme on ne peut craindre et aimer à la fois, et que l'on craint beaucoup l'abus du pouvoir quand on ne peut suivre, ni s'opposer au mauvais exemple ; on ne s'aime pas quand les rois craignent les peuples et que les peuples craignent les rois.

549

Comment se fait-il que l'*amitié* soit plus forte du père au fils que du fils au père, puisque le père reçoit rarement du fils et que le fils reçoit du père ? C'est que le fils croit que c'est le diable qui le tourmente quand on lui dit de faire bien, et que l'exemple contraire plus fort que la morale lui dit qu'en fait d'honneur, il faut en avoir tout juste pour ne pas être pendu.

550

S'il est impossible de faire une plus belle action que celle d'éclairer le monde par ses écrits, en indiquant la véritable cause du mal et son remède tout en démasquant les vices des rois qui ont pour eux l'argent, les places, la force brutale et le vote secret qui permet de trahir la cause du peuple sans le compromettre; courant les chances de Socrate et de Jésus-Christ en combattant les préjugés des peuples avec les armes de la raison, que diraient les enfants de la patrie, si l'auteur d'un tel dévouement leur disait : « Moi qui donne tous les ans plus de 1,500 francs au pouvoir, je n'aurais pas le droit d'être *électeur* en supposant que tous les gardes nationaux du royaume soient appelés aux élections. »

551

Si on ne fait rien que pour son *bonheur,* demandez aux 999 sur mille où le bonheur commence et finit? Ils vous diront qu'il commence par les richesses et grandeurs et finit par les revers de fortune. Quoiqu'il en soit, ajoutez aux richesses et grandeurs une bonne santé qui devrait être le plus grand des biens, sans le juste, aurait-on tous ces trésors? Il est impossible d'être heureux et de tomber d'accord.

www.ingramcontent.com/pod-product-compliance
Lightning Source LLC
LaVergne TN
LVHW010309230826
846091LV00007BB/2792

9782012466579